Pertti Lehmusko

USKON
ASKEL

Julkaisija:
Kangasalan helluntaiseurakunta 2021
www.kangasalanhelluntaiseurakunta.fi

© 2021 Lehmuskoski, Pertti
Kaikki oikeudet pidätetään.
Kustantaja: BoD – Books on Demand, Helsinki, Suomi
Valmistaja: BoD – Books on Demand, Norderstedt, Saksa
ISBN: 9789528046592

USKON ASKEL

Usko ei ole hyppy tyhjän päälle, niin kuin monet ajattelevat. Se on hyppy Jumalan lupausten varaan. Raamattu sanoo:

...sillä sen, joka Jumalan tykö tulee, täytyy uskoa, että Jumala on ja että hän palkitsee ne, jotka häntä etsivät. (Hebr.11:4)

Ensimmäinen asia, joka tarvitaan, on uskoa, että Jumala on. Jos et usko Jumalan olemassaoloon, sinun on vaikea jatkaa tästä eteenpäin. Olet tyhjän päällä. Ei mitään ole allasi. Et ole mistään tulossa etkä mihinkään menossa. Mikään ei sinua turvaa eikä mitään tulevaisuutta ole edessäsi. Mikään ei sinua kannattele. Raamattu sanoo sinusta, että olet:

...ilman toivoa ja ilman Jumalaa maailmassa. (Ef.2:12)

Sinun ei tarvitse hypätä tyhjän päälle; sinä olet jo tyhjän päällä.

Jos uskot tai tahdot löytää uskon Jumalaan, tämä tie on sinua varten.

Edellä sanottiin, että "hän palkitsee ne, jotka häntä etsivät". Sinä etsit ja Jumala palkitsee sinut. Hän ohjaa rehellistä etsintääsi ja sinä löydät Hänet.

Sinä tulet palkituksi, niin että voit huudahtaa, kuten Saban kuningatar, kun hän saapui kaukaa Etiopiasta asti katsomaan Jumalan palvelijan

Salomon suurta loistoa:

Minä en uskonut, mitä sanottiin, ennenkuin itse tulin ja sain omin silmin nähdä; ja katso, ei puoltakaan oltu minulle kerrottu. Sinulla on paljon enemmän viisautta ja rikkautta, kuin minä olin kuullut huhuttavan. (1.Kun.10:7)

LUOTETTAVA SANA KANTAA

Niin kuin hypätään lentokoneesta monien kilometrien korkeudesta, voi uskoontulo tuntua hypyltä tuntemattomaan. Mutta laskuvarjohyppääjäkään ei hyppää silmät kiinni tyhjyyteen ja kohtalon varaan. Hän tietää, että hänellä on selässään jotain, mikä kantaa. Se on pakattu selkään. Sen käyttöä on selitetty oppitunneilla. Sen taittelua ja pakkaamista on opeteltu alhaalla. Sitä ovat muut käyttäneet ennen häntä. Se on toiminut ja tuonut lukemattomia hyppääjiä turvallisesti alas. Jotkut ovat hypänneet sata kertaa, toiset tuhat. Aina on laskuvarjo avautunut ja laskeutuminen onnistunut.

Nekään muutamat epäonnistuneet hypyt, jotka ehkä ovat jossain päättyneet kuolemaan tai loukkaantumiseen (niihin, kuten hengelliseen haaksirikkoonkin, on omat syynsä) eivät estä hyppääjää luottamasta laskuvarjoon. Hän loikkaa koneen avoimesta ovesta ulos luottaen, että varjo aukeaa. Se ei ole vielä auki eikä se vielä kanna.

4

Mutta hyppääjä tietää, että kun tulee oikea hetki ja kun hän vetää hihnasta, varjo aukeaa ja tuo hänet mukavasti ja turvallisesti alas. Jumala on antanut lupauksensa:

Teidän vanhuuteenne asti minä olen sama, hamaan harmaantumiseenne saakka minä kannan; niin minä olen tehnyt, ja vastedeskin minä nostan, minä kannan ja pelastan. (Jes.46:4)

Jumala on luvannut kantaa. Hänen lupauksensa kantavat. Niitä on hyvä lukea ja pakata sydämeensä. Ne ovat kantaneet ennenkin. Monet ovat koetelleet ja todenneet, että Jumala on luotettava ja Hänen Sanaansa kannattaa turvata. Opettele käyttämään Jumalan lupauksia laskuvarjona ja apuna kaiken matkaa.

ISI, OTA KIINNI

Pieni lapsi saattaa hypätä kokoonsa nähden melko korkealta huutaen: "Isi, ota kiinni. Mä tuun." Hän luottaa isäänsä. Hän on oppinut luottamaan, että isä ottaa kiinni. Hän saattaa sulkea silmänsä ja pudottautua alas luottaen täysin, että hän laskeutuu turvallisesti isän vahvoille käsille.

Eikä isä petä omaa lastaan. Isän kädet ottavat vastaan, eikä lapsi satuta itseään.

...että Jumala on ja että hän palkitsee ne, jotka häntä etsivät. (Hebr.11:4)

Et ehkä ole ennen turvautunut Jumalaan omana Isänäsi. Mistä tiedät, että Hän ottaa sinut kiinni? Sinä hetkenä, kun sinä otat pelastuksen vastaan, Jumala muuttuu sinun Isäksesi. Raamattu sanoo:

Sillä niin on Jumala maailmaa rakastanut, että hän antoi ainokaisen Poikansa, ettei yksikään, joka häneen uskoo, hukkuisi, vaan hänellä olisi iankaikkinen elämä. Sillä ei Jumala lähettänyt Poikaansa maailmaan tuomitsemaan maailmaa, vaan sitä varten, että maailma hänen kauttansa pelastuisi. Joka uskoo häneen, sitä ei tuomita; mutta joka ei usko, se on jo tuomittu, koska hän ei ole uskonut Jumalan ainokaisen Pojan nimeen. (Joh.3:16-18)

Tämä ei ole vain pelastusrengas hukkuvalle, niin että sinut vedetään rannalle ja sitten kävelet yksin märkänä kotiisi. Tämä on orpojen ja turvattomien uusi koti, johon taivaallinen Isä adoptoi sinut omaksi lapsekseen, ottaen sinut omalle nimelleen, täydellä perintöoikeudella.

Yksikään, joka uskoo ja ottaa vastaan annetun pelastuksen, ei huku. Sinä et putoa Isän käsien ohi, kun panet turvasi Jeesukseen. Isä ottaa kiinni, auttaa ja pelastaa. Sinä olet Jeesuksen tähden silloin Hänen oma lapsensa.

Niin ei nyt siis ole mitään kadotustuomiota niille, jotka Kristuksessa Jeesuksessa ovat. (Room. 8:1)

Sillä te ette ole saaneet orjuuden henkeä ollaksenne jälleen pelossa, vaan te olette saaneet lapseuden hengen, jossa me huudamme: "Abba! Isä!" (Room. 8:15)

ASTU LUPAUSTEN PÄÄLLE

Jumala on antanut meille Sanansa ja se on täynnä Jumalan lupauksia. Ne ovat hyviä lupauksia. Se, mitä Jumala on luvannut, pitää paikkansa ja on voimassa tänä päivänä.

Sinä voit astua Jumalan lupausten päälle ja ne kantavat sinua. Niissä on elämä. Mitä useampia hyviä lupauksia omistat itsellesi, sitä vahvemmaksi tulet uskossasi. Sitä enemmän näet, että ne kantavat ja että Jumala on hyvä ja uskollinen.

Jos epäilen Jumalan minulle antamia lupauksia ja Sanaa, teen Hänet tavallaan valehtelijaksi. Kun Jumala lupaa antaa anteeksi, armahtaa, siunata, johdattaa, auttaa, parantaa, Hän tarkoittaa, mitä Hän sanoo. Hän on kaikkea muuta suurempi ja Hän muistaa lupauksensa.

On parempi epäillä omia epäilyksiään ja etsiä tarkemmin Jumalan kasvoja, kuin olla uskomatta Jumalan sanoja ja pitää Hänen Sanansa epäluotettavana.

Sielunvihollinen on valehtelija ja valheen isä. Se yrittää tehdä tyhjäksi Jumalan hyvät ajatukset

7

ja lupaukset meidän kohdallamme. Se haluaa kylvää epäilyksiä mieleemme. Se haluaa viedä meiltä Jumalan siunaukset ja iankaikkisen elämän.

Jeesus varoittaa vihollisen luonteesta:

Hän on ollut murhaaja alusta asti, ja totuudessa hän ei pysy, koska hänessä ei totuutta ole. Kun hän puhuu valhetta, niin hän puhuu omaansa, sillä hän on valhettelija ja sen isä. (Joh.8:44)

Meidän pitää vastustaa kaikkea sielun-vihollisen valtaa ja valhetta. Sana on paras turva. Sanalla vastustamme pahaa. Voimme astua Jumalan lupausten varaan ja luottaa, että ne kantavat.

Siksi meidän tulee lukea ja tutkia uskoen Sanan lupauksia ja antaa niiden vahvistaa uskoamme. Meidän pitää uudelleen ja uudelleen kääntää mielemme Jumalan puoleen ja antaa murheemme Hänelle. Sanan kautta Hän puhuu meille ja vahvistaa meitä.

Nöyrtykää siis Jumalan väkevän käden alle, että hän ajallansa teidät korottaisi, ja "heittäkää kaikki murheenne hänen päällensä", sillä hän pitää teistä huolen." (1.Piet.5:7)

SANAN VOIMA

Kun on kyse sinun uskoontulostasi tai uskosi heikkoudesta tai ongelmana on se, että elämäsi on yhtä "vuoristorataa", on siihen yksi ratkaisu: voimme tutkia Jumalan Sanaa.

Kun ongelma on jossain muualla, ihmissuhteissa, terveydessä, elämän hallinnassa tms., niin apu voi löytyä silloinkin Sanasta.

Johannes aloittaa evankeliuminsa sanoilla:

Alussa oli Sana, ja Sana oli Jumalan tykönä, ja Sana oli Jumala. Hän oli alussa Jumalan tykönä. Kaikki on saanut syntynsä hänen kauttaan, ja ilman häntä ei ole syntynyt mitään, mikä syntynyt on. (Joh.1:1-3)

Ja Sana tuli lihaksi ja asui meidän keskellämme, ja me katselimme hänen kirkkauttansa, senkaltaista kirkkautta, kuin ainokaisella Pojalla on Isältä; ja hän oli täynnä armoa ja totuutta. (Joh.1:14)

Sana oli mukana jo alussa. Jumala suoritti kaiken valtavan luomistyönsä Sanalla. Jumala sanoi ja se tapahtui. Raamatun ensimmäisessä luvussa toistuvat uudelleen ja uudelleen sanat:

Ja Jumala sanoi... Ja tapahtui niin... Ja Jumala näki, että se oli hyvä. (1.Moos.1:3-30)

Jumalan Sana toimii, koska siinä on voima. Ja mitä se saa aikaan, se on hyvää.

Sananlaskujen kirjan alkuluvuissa kuvataan Sanaa viisautena, jota kehotetaan kuulemaan ja noudattamaan. Luvataan, että sitä seuraa siunaus:

Poikani, kuuntele minun puhettani, kallista korvasi minun sanoilleni. Älkööt ne väistykö silmistäsi, kätke ne sydämesi sisimpään; sillä ne ovat elämä sille, joka ne löytää ja lääke koko hänen ruumiillensa. (San.4:20-22)

Jumala puhuu meille Sanassaan. Hän ilmestyy Sanassaan. Se on Jumalan tapa osoittaa tiensä ja tahtonsa meille. Meidän tulee kääntää korvamme kuulemaan ja kiinnittää katseemme katselemaan Jumalan Sanaa. Jeesus tuli maailmaan ja Johannes sanoo, että Hän itse on Sana. Hän tuli keskellemme, ihmisen kaltaiseksi. Hän oli alussa Jumalan luona ja oli Jumala. Mutta Hän tuli lihaksi ja eli ihmisenä. Hänestä sanotaan:

Sillä sentähden, että hän itse on kärsinyt ja ollut kiusattu, voi hän kiusattuja auttaa. (Hebr.2:18)

Sillä ei meillä ole sellainen ylimmäinen pappi, joka ei voi sääliä meidän heikkouksiamme, vaan joka on ollut kaikessa kiusattu samalla lailla kuin mekin, kuitenkin ilman syntiä. Käykäämme sentähden uskalluksella armon istuimen eteen, että saisimme laupeuden ja löytäisimme armon, avuksemme oikeaan aikaan. (Hebr.4:15-16)

Jeesus itse voitti vihollisen kiusaukset Sanalla:

Mutta hän vastasi ja sanoi: "Kirjoitettu on: 'Ei ihminen elä ainoastaan leivästä, vaan jokaisesta sanasta, joka Jumalan suusta lähtee.'" *(Matt. 4:1-11)*

Jeesus vastusti paholaista kolme kertaa Jumalan Sanan kirjoituksilla, kunnes se väistyi. Sana käytti itse Jumalan Sanaa ja voitti. Me voimme myös lukea ja käyttää Sanaa ja voittaa. Jeesus käytti Sanaa toimiessaan maan päällä ja samalla toteutti sen ennustuksia:

Mutta illan tultua tuotiin hänen tykönsä monta riivattua. Ja hän ajoi henget ulos sanalla, ja kaikki sairaat hän paransi; että kävisi toteen, mikä on puhuttu profeetta Esaiaan kautta, joka sanoo: "Hän otti päällensä meidän sairautemme ja kantoi meidän tautimme." (Matt. 8:16-17)

Mekin voimme löytää Jumalan avun ja voiman Sanasta. Tie löytyy Sanasta ja se tasoittaa elämän kivisen polun.

Poikani, älä unhota minun opetustani, vaan sinun sydämesi säilyttäköön minun käskyni; sillä pitkää ikää, elinvuosia ja rauhaa ne sinulle kartuttavat. Laupeus ja uskollisuus älkööt hyljätkö sinua. Sido ne kaulaasi, kirjoita ne sydämesi tauluun, niin saat armon ja hyvän ymmärryksen Jumalan ja ihmisten silmien edessä. Turvaa Herraan kaikesta sydämestäsi äläkä nojaudu omaan ymmärrykseesi. Tunne hänet kaikilla teilläsi, niin hän sinun polkusi tasoittaa. (San. 3:1-6)

11

ELÄMÄN TARKOITUS

Ihminen on tarkoitettu elämään Jumalan yhteydessä.

Juna on tehty kulkemaan raiteilla. Sille on tehty jokaiselle matkalle sopivan levyiset raiteet. Sillä on ennalta suunniteltu aikataulu ja reitti, missä sen tulee kulkea. Radan vieressä tai muualla maastossa juna on täysin avuton. Se ei voi kulkea. Korkeintaan se voi olla museona tai ravintolana, mutta ei omassa tehtävässään.

Radalla kulkiessaan ja aikataulua noudattaessaan juna voi olla suureksi hyödyksi monille. Ihmiset menevät töihin sillä. Perhe kulkee lomamatkalle. Ihmiset pääsevät määränpäähänsä.

Jeesus sanoi:

Minä olen tie, totuus ja elämä. Ei kukaan tule Isän tykö muutoin kuin minun kauttani. (Joh.14:6)

Kun Jumala lähetti Poikansa maailmaan, Hän teki Hänet tieksi, jolla me kuljemme Jumalan tahdossa ja suunnitelmassa. Meidät on tarkoitettu kulkemaan Jeesus-tietä pitkin. Sen ulkopuolella olemme kuin juna kivikossa, väärässä paikassa. Sieltä ei löydy taivastietä, koska ilman Jeesusta ei ole pelastusta.

Meidän tulee siis päästä sisään Jeesus-tielle. Raamattu sanoo:

...kaikille, jotka ottivat hänet vastaan, hän antoi voiman tulla Jumalan lapsiksi, niille, jotka uskovat hänen nimeensä. (Joh.1:12)

Jeesus itse sanoi myös:

...sitä, joka minun tyköni tulee, minä en heitä ulos. (Joh.6:37)

Jeesuksen luona löytyy sinunkin elämällesi Jumalan suunnitelma ja tarkoitus. Alat elää siunattua ja täyttä elämää. Tulet olemaan hyödyllinen monille. Voit olla kuljettamassa ja saattamassa monia taivaskotiin, hyvään päämäärään. Herra tahtoisi sanoa sinulle:

Älä pelkää, sillä minä olen lunastanut sinut, minä olen sinut nimeltä kutsunut; sinä olet minun. Jos vetten läpi kuljet, olen minä sinun kanssasi, jos virtojen läpi, eivät ne sinua upota; jos tulen läpi käyt, et sinä kärvenny, eikä liekki sinua polta. (Jes.43:2)

EI OLE MUUTA PELASTUSTIETÄ

Pietari oli vangittuna neuvoston edessä parannettuaan sairaan miehen Jerusalemin temppelin portilla. Hän julisti rohkeasti kuulustelijoille:

Eikä ole pelastusta yhdessäkään toisessa; sillä ei ole taivaan alla muuta nimeä ihmisille

13

annettu, jossa meidän pitäisi pelastuman.
(Apt.4:12)

Sairas rampa oli parantunut juuri Jeesuksen nimessä. Nyt Pietari sanoo, että tämä ihmeellinen nimi, jossa on ylösnousseen Jeesuksen parantava voima, on myös ainoa nimi, jossa ihminen voi pelastua.

Kun Jeesus pelastaa sinut ja on sinun oma Vapahtajasi, et enää ole radan vierellä. Olet radalla ja sinulla on päämäärä.

Jumalan Sanan raiteet näyttävät sinulle tietä. Saat kulkea Jumalan aikatauluissa ja suunnitelmassa.

PELASTUS ON LAHJA

Uskoon tuleminen on samaa kuin pelastuksen vastaanottaminen. Se ei ole yrittämistä olla jotain muuta kuin on. Se ei ole sitä, että sinä teet ja suoritat jotain.

Kyse on siitä, että sinä vastaanotat valmiin pelastuksen. Jumala on valmistanut sen sinulle ja sinä otat sen vastaan. Sinä hyväksyt Jumalan kutsun.

Pelastus on lahja. Et voi maksaa siitä. Voit ainoastaan hyväksyä sen ja ottaa vastaan.

Sillä armosta te olette pelastetut uskon kautta, ette itsenne kautta - se on Jumalan lahja - ette tekojen kautta, ettei kukaan kerskaisi.(Ef.2:8-9)

Ihmettelet varmaan, että mihin tämä suuri lahja perustuu. Sinut otetaan armosta ja lahjana Jumalan lapseksi. Sinusta tehdään Kuninkaan lapsi. Pääset taivaan kansalaiseksi. Kaikki tämä ja paljon muuta annetaan lahjaksi, ilman mitään omia ansioita ja suorituksia. Miten joku voi antaa näin suuren ja arvokkaan lahjan sinulle? Se perustuu siihen, että sinusta on maksettu kallis hinta.

...tietäen, ettette ole millään katoavaisella, ette hopealla ettekä kullalla, lunastetut turhasta, isiltä peritystä vaelluksestanne, vaan Kristuksen kalliilla verellä, niinkuin virheettömän ja tahrattoman karitsan, ... (1.Piet.1:18-19)

Sinusta on maksettu todella kallis hinta. Siksi olet arvokas Jumalalle. Olet rakastettu. Jeesus kärsi sinun puolestasi ristillä kovan rangaistuksen. Siksi sinä olet vapaa. Pahat teot, synnit ja kaikki niiden rangaistus otetaan sinulta pois, kun otat Jeesuksen vastaan Vapahtajaksesi. Raamattu sanoo:

Me vaelsimme kaikki eksyksissä niinkuin lampaat, kukin meistä poikkesi omalle tielleen. Mutta Herra heitti hänen päällensä kaikkien meidän syntivelkamme. (Jes.53:6)

Koska tämä lahjaksi saatu pelastus ei korota meitä, vaan Jeesus on jatkuvasti keskipisteenä, siinä on koko elämää muuttava suuri voima.

15

Kun otamme sen vastaan, on siinä voima, joka kirkastaa elämämme. Se vapauttaa ihmisten orjuudesta uuteen riippuvaisuussuhteeseen Jeesuksesta, Jumalan lasten vapauteen, rauhaan ja iloon.

Vai ettekö tiedä, että teidän ruumiinne on Pyhän Hengen temppeli, joka Henki teissä on ja jonka te olette saaneet Jumalalta, ja ettette ole itsenne omat? Sillä te olette kalliisti ostetut. Kirkastakaa siis Jumala ruumiissanne. (1.Kor.6:20)

Te olette kalliisti ostetut; älkää olko ihmisten orjia. (1.Kor.7:23)

SUUN TUNNUSTUS

Sillä jos sinä tunnustat suullasi Jeesuksen Herraksi ja uskot sydämessäsi, että Jumala on hänet kuolleista herättänyt, niin sinä pelastut; sillä sydämen uskolla tullaan vanhurskaaksi ja suun tunnustuksella pelastutaan. (Room.10:9-10)

Tämä sana puhuu suun tunnustuksesta ja sydämen uskosta.

Sydämen uskolla tullaan vanhurskaaksi. Jeesus tulee sydämeesi, kun uskot Häneen. Usko syntyy, kun luet tai kuulet Raamatun Sanaa Jumalan rakkaudesta ja Jeesuksen elämästä.

Usko tulee siis kuulemisesta, mutta kuuleminen Kristuksen sanan kautta. (Room.10:17)

Kun uskot Jeesukseen Vapahtajanasi ja olet vastaanottanut Hänet sydämeesi, seuraa suun tunnustus.

Otin Jeesuksen vastaan lokakuussa 1978 Mikkelin maaseurakunnan kirkon alttarilla Hengen uudistus -päivillä. Matkustimme Helsingistä sinne opiskelijajoukolla. Iltatilaisuudessa menin alttarille ja polvistuin siihen. Nuori pappi tuli viereeni ja kysyin häneltä, voinko saada syntini anteeksi ja tulla uskoon. Hän rukoili puolestani ja julisti syntini anteeksi Jeesuksen nimessä ja veressä.

En kokenut mitään erityisiä tunteita silloin. En tuntenut edes mitään muutosta elämässäni. Uskon, että tuo hetki kuitenkin noteerattiin taivaassa. Ehkä siellä kuultiin enkelien soittoa ja iloittiin siitä, että yksi syntinen pelastui.

Vähän myöhemmin menin Helsingin Saalemseurakunnan tilaisuuteen, jossa puhui saarnaaja Niilo Yli-Vainio. Lopussa oli rukouspalvelua ja menin Yli-Vainion eteen hänen rukoiltavakseen.

Niilo Yli-Vainio kysyi minulta ensimmäiseksi: "Oletko sinä uskossa?" Tämä oli minulle uutta. Ennen en olisi osannut tällaiseen kysymykseen vastata mitään. Nyt tuli suustani varma vastaus: "Olen."

Silloin virtasi sisimpääni suuri ilo. Minä olen uskossa. Saatoin sanoa oman suuni tunnustuksen, että olen uskossa Jeesukseen. Ei tuntunut teatterilta. Ei tuntunut, että valehtelen. Ei tuntunut siltä, että kerskaan itsestäni. Sydämessä oli usko ja Pyhän Hengen vakuutus, että Jeesuksen nimen ja veren tähden olen tässä ja nyt uskossa. Olin pelastuksen sisällä Jumalan armosta. Kohdallani toteutui tämä Paavalin sana:

Henki itse todistaa meidän henkemme kanssa, että me olemme Jumalan lapsia. (Room.8:16)

Suun tunnustuksen kautta pelastus tuli minun kohdallani todelliseksi ja eläväksi. Jumalan rauha ja ilo täytti minut.

Tämä oma todistukseni tahtoo vakuuttaa sinullekin, että Jumalan lupaukset ovat tosia. Ne toimivat ja kantavat, kun teemme niiden mukaan.

Ensin on sydämen usko Jeesukseen ja päätös seurata Häntä. Sitten tulee suun tunnustus, joka vahvistaa asian. Se tuo varmuuden ja antaa rauhan ja ilon.

PUNNITSE ELÄMÄÄSI

Elät muutamia kymmeniä vuosia täällä. Voit saavuttaa rahaa ja rikkautta. Voit nauttia itsekkäästi elämästä. Voit olla jotain suurta. Sinusta jää kultakirjaimilla kirjoitettu nimi hautakiveen. Sinut muistetaan ehkä muutaman vuoden tai vuosikymmenen ajan. Painut pikkuhiljaa unohduksiin. Kirjaimet hautakivessä himmenevät. Kivi ehkä poistetaan aikanaan ja toisia haudataan samalle paikalle.

Elämä on parhaimmillaankin lyhyt, ohikiitävä hetki.

Haluatko todella nopeasti ohikiitävän onnen maailmassa ilman Jumalan antamaa toivoa paremmasta?

Eräälle kuninkaalle sanottiin: *"Sinut on vaa'alla punnittu ja köykäiseksi havaittu."* Hän oli Babylonian kuningas Belsassar, joka oli pitämässä suuria pitoja maansa suurmiesten ja vaimojensa kanssa. Esille tuotiin Jerusalemin temppelistä tuodut kultamaljat ja niistä juotiin viiniä. Jumalan asumuksen pyhiä esineitä häpäistiin ja synnin mitta tuli täyteen.

Kuninkaan eteen seinälle ilmestyi käsi, joka kirjoitti sanat: *"Mene, mene, tekel, ufarsin."*

Kukaan muu ei kyennyt selittämään kirjoitusta kuin Daniel. Hän selitti kirjoituksen.

Keskimmäinen sana 'tekel' tarkoitti: *'vaa'alla punnittu ja köykäiseksi havaittu'.*

Sinä yönä kuningas Belsassar surmattiin ja uusi kuningas astui valtaistuimelle.

MIELETÖN VALINTA

Jeesus kertoi vastaavan esimerkin miehestä, jolla oli niin paljon omaisuutta, ettei tiennyt, mihin sen panisi:

Rikkaan miehen maa kasvoi hyvin. Niin hän mietti mielessään ja sanoi: 'Mitä minä teen, kun ei minulla ole, mihin viljani kokoaisin?' Ja hän sanoi: 'Tämän minä teen: minä revin maahan

19

aittani ja rakennan suuremmat ja kokoan niihin kaiken eloni ja hyvyyteni; ja sanon sielulleni: sielu, sinulla on paljon hyvää tallessa moneksi vuodeksi; nauti lepoa, syö, juo ja iloitse.' Mutta Jumala sanoi hänelle: 'Sinä mieletön, tänä yönä sinun sielusi vaaditaan sinulta pois; kenelle sitten joutuu se, minkä sinä olet hankkinut?' Näin käy sen, joka kokoaa aarteita itselleen, mutta jolla ei ole rikkautta Jumalan tykönä. (Luuk.12:16-20)

Ystäväni, punnitse sinä nyt tarkoin elämääsi. Onko lyhyt nautinto ilman Jeesusta se, mitä sinä tahdot? Vaikka tiedät, että se johtaa ikuiseen eroon Jumalasta ja tuhoon, onko se sinun valintasi?

Jeesus sanoi: "Sinä mieletön, ..." On mieletöntä valita elämä ilman pelastusta.

Pane nyt elämäsi vaakaan ja punnitse: kumman valitset? Elämä ilman Jeesusta ja lyhyt nautinto, ajan katoava onni ja rikkaus? Vai Jeesus ja iäinen ilo Isän luona taivaassa?

Kumpi painaa sinun vaakakupissasi enemmän? Sinä teet valinnan. Et voi koskaan syyttää päätöksestäsi ketään muuta, et tässä elämässä etkä kerran suuren tuomioistuimen edessä.

MITÄ NYT TULEE TEHDÄ?

Toivon, että päätöksesi on, että tahdot kääntyä Jumalan puoleen. Olet ehkä avuton asian edessä, etkä tiedä, miten se tapahtuu. Raamatun Sana neuvoo sinua.

Paavali ja Silas olivat tulleet lähetysmatkallaan Filippin kaupunkiin asti Euroopan puolelle. Heidät otettiin kiinni, lyötiin ja pieksettiin verille asti. Heidät heitettiin vankityrmän perälle ja pantiin jalkapuuhun. Kerrotaan, että keskiyön aikaan he rukoilivat ja veisasivat ylistystä Jumalalle.

Tapahtui maanjäristys ja vankilan ovet aukesivat. Epätoivoinen vartija luuli vankien karanneen ja aikoi tehdä jo itsemurhan. Paavali huusi hänelle, että "älä tee itsellesi mitään pahaa, sillä me kaikki olemme täällä."

Vartija juoksi sisään ja lankesi polvilleen kysyen: *"Herrat, mitä minun pitää tekemän, että minä pelastuisin?"*

Onko tämä myös sinun kysymyksesi?

Apostolit antoivat vastauksen:

Usko Herraan Jeesukseen, niin sinä pelastut, niin myös sinun perhekuntasi. (Apt.16:31)

Vanginvartija tuli uskoon. Samoin hänen koko perhekuntansa kuuli apostolien julistaman sanoman Jeesuksesta. He uskoivat ja heidät kastettiin.

PARANNUS

Helluntaina koko Jerusalemin kaupunki oli sekaisin ja ihmiset riensivät paikalle, missä seurakunta oli juuri täyttynyt Pyhällä Hengellä. Eri maista tulleet ihmiset kuulivat omalla kielellään julistettavan Jumalan suuria tekoja. Siellä oli käynnissä valtava Hengen vuodatus ja Pyhä Henki antoi uskovien puhua monia tunnettavia ja ymmärrettäviä kieliä.

Pietari puhui kansalle Jeesuksen kuolemasta ja ylösnousemuksesta. Jumala puhui sydämille ja ihmiset tunsivat piston sydämissään. Silloin he kysyivät: *"Miehet, veljet, mitä meidän pitää tekemän?"*

Pietari vastasi heille:

Tehkää parannus ja ottakoon kukin teistä kasteen Jeesuksen Kristuksen nimeen syntienne anteeksisaamiseksi, niin te saatte Pyhän Hengen lahjan. Sillä teille ja teidän lapsillenne tämä lupaus on annettu ja kaikille, jotka kaukana ovat, ketkä ikinä Herra, meidän Jumalamme, kutsuu. (Apt.2:38-39)

Jumala kutsuu sinua. Tämä ohje on myös sinulle. Lupaukset ovat sinulle. Tee parannus, ota kaste Jeesuksen nimeen ja ota vastaan Pyhän Hengen voima ja täyteys.

Raamatussa on monta kehotusta lähteä tosissaan taivastielle, ei kevyesti ja etsien matalaa aitaa.

Meitä kehotetaan tyhjentämään kaikki raskaat painot matkasta:

Sentähden, kun meillä on näin suuri pilvi todistajia ympärillämme, pankaamme mekin pois kaikki, mikä meitä painaa, ja synti, joka niin helposti meidät kietoo, ja juoskaamme kestävinä edessämme olevassa kilvoituksessa, silmät luotuina uskon alkajaan ja täyttäjään, Jeesukseen, joka hänelle tarjona olevan ilon sijasta kärsi ristin, häpeästä välittämättä, ja istui Jumalan valtaistuimen oikealle puolelle. Ajatelkaa häntä, joka syntisiltä on saanut kärsiä sellaista vastustusta itseänsä kohtaan, ettette väsyisi ja menettäisi toivoanne. (Hebr.12:1-3)

YHTEYS USKOVIIN

Jerusalemissa helluntaipäivänä noin 3000 ihmistä otti Pietarin sanan vastaan ja heidät kastettiin. Heistä kerrotaan, että he eivät jääneet yksinäisiksi uskon vaeltajiksi. He tulivat seurakunnan yhteyteen.

Jotka nyt ottivat hänen sanansa vastaan, ne kastettiin, ja niin heitä lisääntyi sinä päivänä noin kolmetuhatta sielua. Ja he pysyivät apostolien opetuksessa ja keskinäisessä yhteydessä ja leivän murtamisessa ja rukouksissa. (Apt.2:41-42)

Kun haluat kasvaa terveesti uskossasi ja palvella toisia lahjoillasi, mene seurakuntaan ja hakeudu uskovien yhteyteen. Seurakuntakin on Jumalan suunnitelma ja lahja sinulle. Raamattu sanoo, että Jeesus on seurakunnan pää ja seurakunta on Hänen ruumiinsa. Yhteys Päähän ja yhteys ruumiiseen on sinulle tärkeä tästä hetkestä alkaen siihen asti, kun menemme täältä ylös lopulliseen suureen riemujuhlaan.

Seurakunnassa saamme Sanan opetusta, olemme omiemme joukossa, nautimme ehtoollista ja rukoilemme toinen toisemme puolesta. On suuri etuoikeus ja siunaus kuulua paikkakunnalla olevaan uskovien seurakuntaan. Nauti tästä etuoikeudesta ja siunauksesta uskollisesti.

SINUA VARTEN

Jumalan Sana ja sen lupaukset ovat sinua varten. Voit harjoitella niiden vastaanottamista seuraavien Raamatun kohtien avulla. Täytä tyhjiin kohtiin oma nimesi ja lue sen jälkeen jakeita ääneen omistaen ne itsellesi.

Katso, minä seison ovella ja kolkutan; jos _____ kuulee minun ääneni ja avaa oven, niin minä käyn hänen tykönsä sisälle ja aterioitsen hänen kanssaan, ja hän minun kanssani. (Ilm.3:20)

Sillä niin on Jumala _____ rakastanut, että hän antoi ainokaisen Poikansa, ettei _____, joka häneen uskoo, hukkuisi, vaan hänellä olisi iankaikkinen elämä. (Joh.3:16)

Kun luet Raamatun lupauksia, ajattele niiden tarkoittavan sinua. Lue niitä itsellesi. Usko, että Jumala puhuu sinulle ja että Hänellä on hyvät ajatukset sinua kohtaan. Jeesus on luvannut olla sinun kanssasi.

Ja katso, minä olen teidän kanssanne joka päivä... (Matt:28:20)

Jeesus on myös esirukoilijasi ylhäällä Isän luona. (Room.8:34) Hän näkee sinut ja tietää kaikki elämäsi asiat. Hän haluaa olla yhteydessä kanssasi, sinun rukoustesi ja Hänen Sanansa kautta. Sinä puhut Hänelle ja Hän puhuu sinulle.

25

LUOTA LUPAUKSEN ANTAJAAN

Me ihmiset täällä kerromme salaisuuksia vain niille, joihin me luotamme. Arkoja ja kipeitä elämän asioita ei ole syytä puhuakaan kenelle tahansa. Joudut pettymään, joskus tosi katkerasti, jos ystävä, johon luotit, pettääkin sinut. Riippuu lupausten antajasta, voimmeko luottaa lupauksiin. Lapsi luottaa isäänsä ja äitiinsä, kun nämä lupaavat uuden vaatteen tai retken johonkin hauskaan paikkaan. Lapsi kysyy vain: "Milloin sinä ostat?" tai "Milloin me mennään?" Luotettavaan työkaveriin kehittyy pikkuhiljaa luottamus. Hän pitää sanansa tai ainakin yrittää parhaansa ja ilmoittaa, jos on jokin este.

Vanhan testamentin Jumalan ihmisistä, kuten Gideon, Baarak, Simson, Jefta, Daavid, Samuel ja profeetat, sanotaan:

...saivat kokea lupauksien toteutumista... (Hebr.11:33)

Eräs uskon esikuvista oli myös Aabrahamin vaimo, Saara, joka kauan ja kärsivällisesti jaksoi odottaa oman lapsen saamista. Hänen uskonsa palkittiin lopulta.

Saarasta sanotaan:

Uskon kautta sai Saarakin voimaa suvun perustamiseen, vieläpä yli-ikäisenä, koska hän piti luotettavana sen, joka oli antanut lupauksen. (Hebr.11:11)

26

Saara ei epäillyt lupausten antajaa, vaan piti Hänet luotettavana. Saara riippui kiinni Jumalan lupauksessa ja se tuotti hyvän lopputuloksen. Meille annetaan Raamatussa sama kehotus olla lujia uskossamme:

...pysykäämme järkähtämättä toivon tunnustuksessa, sillä hän, joka antoi lupauksen, on uskollinen; ... (Hebr.10:23)

Jeesus on uskollisista kaikkein uskollisin. Hänen kaikki lupauksensa on koeteltu monien ihmisten elämän kautta ennen meitä. Historia on täynnä todistuksia rukousvastauksista ja Jumalan ihmeistä pienten ihmisten elämässä. Sinun elämäsi voi olla jatkoa siihen pitkään todistusten sarjaan. Jeesus elää ja on Voittaja. Sinäkin olet voittaja, kun olet Hänen puolellaan. Pysy tunnustuksessa, koska lupausten Antaja on luotettava ja pitää lupauksensa.

LOPUKSI

Lopuksi, vahvistukaa Herrassa ja hänen väke-
vyytensä voimassa. (Ef.6:10)

Vahvistu lukemalla Jumalan Sanaa ja
toimimalla sen mukaan. Vahvistu rukouksissa ja
seurakunnan yhteydessä. Vahvistu uskossa.
Vahvistu kiitoksessa ja ylistyksessä. Vahvistu
seuraamalla Jeesusta ja luottamalla Häneen.

Vahvistu siis, poikani (...ja tyttäreni...), siinä
armossa, joka on Kristuksessa Jeesuksessa.
(2.Tim.2:1)